Benjamin Flouw remercie l'équipage d'*Atka* pour son accueil,
Anne-Claire et Brieuc, Andréa Massad et Hrafnhildur Hannesdóttir
de l'Icelandic Meteorological Office, Étienne Berthier et Isabelle Autissier.

L'auteur a bénéficié d'une bourse d'aide à la création littéraire et graphique
de la Région Provence-Alpes-Côte d'Azur pour l'écriture de cet ouvrage.

RÉGION SUD PROVENCE ALPES CÔTE D'AZUR

Relecture scientifique : Étienne Berthier


1, rond-point du Général-Eisenhower, 31101 Toulouse Cedex 9, France
editionsmilan.com



Dépôt légal : mars 2025 • ISBN : 978-2-408-04705-4
Achevé d'imprimer au 1er trimestre 2025 en France par PPO Graphic SAS, Palaiseau
Plus d'informations sur la fabrication de nos livres :
editionsmilan.com/comment-fabriquons-nous-nos-livres

Certifié PEFC
Ce produit est issu de forêts gérées durablement et de sources contrôlées
PEFC
10-31-1800
www.pefc-france.org

Tu vides tes étagères et connais déjà ce livre par cœur ? Donne-le !

# JÖKLAR

## AU CŒUR DES GLACIERS

Texte et illustrations de Benjamin Flouw

Préface d'Isabelle Autissier

milan

Notre planète est exceptionnelle, car elle contient de l'eau sous ses trois formes : liquide, solide et gazeuse. Grâce à cela, la vie existe. La glace n'est pas la forme la plus courante, mais elle est pourtant indispensable à la survie des humains. Elle a sculpté, au cours de millions d'années, la plupart de nos paysages ; c'est le pôle de froid de la machine thermique du climat ; elle stocke l'eau et la fraîcheur pour les redistribuer aux humains, à leurs cultures et leur consommation ; de son niveau dépend une grande partie de celui de nos rivages ; elle est source de beauté, de rêve, de sport et de bien-être. Sans que nous nous en rendions compte, la glace nous accompagne au quotidien.

Et si celle alliance se défaisait ? Un glacier naît dans le froid des altitudes, vit en traçant son chemin dans les pentes et meurt dans la chaleur des plaines. Hélas, aujourd'hui, la mort l'emporte. À une vitesse que la Terre n'a sans doute jamais connue, le dérèglement climatique bouleverse ces équilibres, mettant à mal les climats, les géographies, les écosystèmes et, finalement, les sociétés humaines. La planète s'en remettra, nous beaucoup moins.

Alors la course contre la montre est engagée pour que la petite Zoé puisse continuer à vivre en paix et avec dignité. Les trésors d'ingénierie locale ne seront que de peu d'aide, tant le phénomène est vaste et rapide. Allons-nous bâcher l'Antarctique ou la banquise arctique ? Allons-nous peindre en blanc tous les glaciers du monde ? Et pour quel résultat ?

Nous connaissons les solutions : laisser là où ils sont le charbon, le pétrole et le gaz, diminuer la consommation extravagante des pays riches, soutenir un développement humain basé sur le respect des limites planétaires, une pêche et une agriculture durables, des énergies renouvelables... En définitive, repenser une société qui ne s'appuie pas que sur le profit immédiat mais sur le bien commun, le seul qui va nous maintenir en paix.

Impossible ? Utopique ? Punitif ? Non, juste notre seule voie de passage vers l'avenir, une façon de mettre nos intelligences collectives en branle et de prouver ce que nous prétendons être : une espèce intelligente ! Au travail !

Isabelle Autissier, navigatrice, écrivaine et présidente du WWF

« Là où le glacier rencontre le ciel, le sol cesse d'être terrestre, et la terre ne fait qu'un avec les cieux ; aucune peine n'y vit désormais, et par conséquent la joie n'est plus nécessaire ; la beauté seule y règne au-delà de toute exigence. »

Halldór Laxness

« Partout où il y avait des glaciers, le monde était en perpétuel état de création. »

John Muir

Venu du pôle Nord par la mer, un vent glacial survole les plages de sable noir d'une île du nord de l'océan l'Atlantique :

l'Islande.

Il s'engouffre dans des fjords étroits, se heurte aux montagnes et aux volcans pour venir s'étaler dans une vaste vallée au fond de laquelle coule une rivière agitée.

Infatigable, le vent continue sa course à travers la fenêtre ouverte d'un autobus. Un autobus au fond duquel Zoé est assise, seule. Mina, sa meilleure copine, vient de quitter le bus comme un courant d'air, rouge de colère.

D'accord, ce n'était pas malin de dire devant tout le monde que Mina était amoureuse de Hugo, mais est-ce que c'est *vraiment* si grave ?

« Zoé ! On t'attend ! » crie la maîtresse.

À peine sortie du bus, Zoé frissonne. Elle remonte la fermeture Éclair de sa doudoune et met ses écouteurs. Elle se concentre sur la musique et laisse quelques mètres entre elle et le reste de sa classe.

La tête rentrée dans les épaules, Zoé remonte le chemin de cailloux noirs quand son regard s'arrête sur une forme étrange, échouée sur le bord du lac.

Un animal ?

« Non, on dirait un bois d’élan ! » s’exclame Zoé, qui sort son téléphone portable et commence à poser avec sa trouvaille.

Soudain, elle se fige…

À quelques mètres de là, un vieux berger l'observe d'un regard sévère. Il s'approche, suivi de près par un chien noir et blanc.

« Il n'y a pas d'élans en Islande, lance sèchement le vieil homme.

– Euh... Bonjour, répond Zoé. Vous parlez français ?

– Oui, j'ai fait mes études en France. Il n'y a pas d'élans en Islande. Pas de cerfs, pas de sangliers, pas de blaireaux, pas d'ours non plus, seulement le *melrakki*, le renard polaire.

– Ça ne vous empêche pas de dire bonjour. Moi, c'est Zoé !

– Bjarne !

– Hé, on dit pardon quand on...

– C'est mon prénom », aboie le berger.

Utilisant son long bras comme une catapulte, Bjarne envoie la précieuse découverte de Zoé au milieu du lac.

Incroyable ! Zoé lève les yeux et réalise qu'elle se trouve au pied d'une immense falaise de glace. Elle en oublie son bois d'élan, qui repose maintenant au fond du lac.

« C'est le lac qui a formé ces falaises de glace ?

– Non, c'est le contraire, l'eau du lac vient de la fonte du *jökull.*

– C'est qui, *yo cool* ?

– *Jökull.* Ça veut dire *glacier* en islandais.
Quand la neige tombe au sommet de la montagne, où il fait très froid, elle finit par se tasser sous son propre poids et devient de la glace.

La glace descend ensuite doucement le long de la vallée, comme un immense serpent gelé, jusqu'à arriver ici.

Comme il fait plus chaud ici qu'au sommet, la glace finit par fondre, se craqueler et se briser. De gros amas de glace tombent dans le lac en dessous de nous.

Quand les glaciers se jettent dans la mer, on assiste à la naissance des icebergs, d'énormes blocs de glace qui dérivent dans les mers du Nord.

– C'est super intéressant, tout ça, professeur Biorg, mais je crois que le reste de ma classe a disparu. Je ferais bien de les rejoindre en vitesse !

– Mon prénom, c'est Bjarne, s'agace le berger. Il vaut mieux que je t'accompagne ! La surface du glacier cache de nombreux pièges. Heureusement, j'ai toujours dans mon sac des crampons et des piolets en cas de besoin. »

Bien équipé, le duo se faufile entre la glace et les rochers. Il faut se concentrer, bien écarter les jambes et écraser le sol pour que les crampons accrochent la glace. Le bruit des pas sur le sol gelé ressemble à du papier qu'on froisse.

Puis la surface du glacier apparaît. On dirait un large fleuve gelé qui serpente jusqu'au sommet de la montagne. Après une grande inspiration, Bjarne rompt le silence.

« À partir d'ici, fais très attention et suis bien mes pas. Il y a des crevasses profondes de plusieurs dizaines de mètres, et je n'ai pas envie de redescendre pour chercher une équipe de secours !

– Compris, chef ! Vous montez souvent sur le glacier ?

– De temps en temps. Pour chercher un mouton égaré ou un touriste idiot. Mais je l'ai toujours côtoyé. J'ai grandi ici et ma famille vit sur ces terres depuis des générations. Tu sais, les glaciers sont très importants pour nous, les Islandais. Le nom Islande est formé de deux mots : *ice*, la glace et *land*, le pays.

Serons-nous encore islandais lorsqu'il n'y aura plus de glace ici ? Il y a beaucoup de bénévoles qui surveillent les glaciers toute l'année pour aider les scientifiques. Le tout premier groupe de scientifiques au monde à s'intéresser aux glaciers, la Société glaciologique d'Islande, a été fondé en 1950. J'en ai fait partie il y a quelques années.

– Ah ouais, vous devez savoir un paquet de trucs sur les glaciers, alors. OK, petit quiz : combien y a-t-il de glaciers sur Terre ?

– Près de 275 000 ! Ils sont dispersés un peu partout, de l'Amérique du Sud à la Chine en passant par l'Afrique. En tout, ça fait à peu près 706 000 km² de glaciers, c'est plus que la taille de la France et de l'Islande réunies ! Il y en a même sur d'autres planètes.

Notre petite île, à elle seule, abrite 568 glaciers.

Et le plus grand, le Vatnajökull,
fait presque la taille de votre Corse,
en France.

Tu sais, l'Islande a été forgée par la lave et modelée par la glace. Tu vois ces stries sur la montagne ? Ce sont d'anciennes traces du glacier. La rivière en contrebas, les collines que tu aperçois là-bas, tout cela a été formé par le glacier !

– Waouh, balèze ! Et tous les glaciers ressemblent à ça ? demande Zoé en pointant le géant de glace du doigt.

– Loin de là ! Il en existe de toutes sortes :

le glacier de vallée,

suspendu,

de cirque,

de piémont,

et même des glaciers rocheux.

Il y a aussi les inlandsis, ces immenses étendues de terre recouvertes de glace, comme au Groenland ou en Antarctique, ça aussi ce sont des glaciers. »

Soudain, Zoé entend un craquement sur sa gauche. Elle a à peine le temps de tourner la tête qu'un vacarme tonitruant la fige de terreur. Une dent de glace monstrueuse vient s'écraser à une dizaine de mètres d'eux dans un tonnerre sourd.

« Ce sérac a bien failli m'écrabouiller !

– Non, on ne risque rien là où on est. Il y a cent ans, mon grand-père craignait ce glacier imprévisible. La plupart du temps, c'est un monstre endormi qui rampe doucement vers la vallée, son mouvement est imperceptible. Mais il peut soudainement se réveiller, s'effondrer et provoquer de grandes inondations, des *jökulhlaup*. Pire, il lui arrive de parcourir plusieurs dizaines de mètres en quelques jours, écrasant tout sur son passage. C'est ce qu'on appelle une *surge glaciaire*.

Cependant le glacier rendait aussi des services vitaux à mon grand-père. Il servait de barrière naturelle pour son troupeau en hiver et de réserve d'eau pour l'été. Mais le cycle des saisons est perturbé. Les hivers ne sont plus aussi froids qu'avant, il neige moins et le glacier ne grossit plus. Au contraire, il fond !

– Ah oui, le réchauffement climatique, ça, je connais, le coupe Zoé, pas besoin de me faire un exposé.

– Eh bien, dis-toi qu'en 2014, le glacier Okjökull a été déclaré mort, il ne bougeait plus. Les Islandais lui ont érigé une stèle pour que l'on se souvienne de lui.

– Et c’est si grave que les glaciers fondent ?

– L'eau de fonte transforme profondément le paysage. La fonte des calottes glaciaires du Groenland et de l'Antarctique, mais aussi des glaciers, menace de faire monter le niveau des océans du monde entier.

Dans certains pays, l'eau du glacier sert de réservoir. Le glacier stocke l'eau de pluie sous forme de glace pendant l'hiver et la redistribue petit à petit en fondant doucement lorsque, au printemps, les températures sont plus douces. Sans les glaciers, on assisterait à une alternance de crues dévastatrices et de sécheresses.

Ici, en Islande, certaines criques sont envahies par les sédiments, de minuscules morceaux de roche que le glacier a emportés avec lui depuis le sommet de la montagne jusqu'à l'embouchure de la rivière. Ces sédiments empêchent les bateaux de pêche de sortir en mer, et donc les pêcheurs de travailler.

On craint aussi qu'il y ait plus d'éruptions volcaniques ! En fondant, les glaciers ne pèsent plus assez pour contenir les volcans qu'ils recouvrent.

– Oh la la ! mais ça doit être la panique en Islande alors, avec tous vos glaciers ?

– C'est un peu plus compliqué que ça. Maintenant que les glaciers ont reculé, ils ne menacent plus les fermes installées dans la vallée. Encore mieux, beaucoup d'Islandais profitent d'une toute nouvelle forme de tourisme : le tourisme "de la dernière chance".

Des gens affluent du monde entier pour avoir le privilège
de voir les derniers glaciers avant leur disparition.
Mais pour combien de temps encore ?

– Il n'y a rien qu'on puisse faire pour éviter que les glaciers fondent ?

– Il y a des gens qui essayent... concède le vieux berger.

Dans certains pays, on met de grandes bâches claires sur les glaciers pour les protéger du soleil d'été.

En Suisse, on a inventé une machine qui permet de pomper de l'eau et de la projeter sous forme de glace sur le glacier.

Pour aider les vallées touchées par la sécheresse, on peut imaginer de créer des glaciers artificiels comme au Pakistan, ou des stupas de glace comme en Inde.

– Et c'est efficace, ça ? demande Zoé.

– À petite échelle seulement. Pour éviter que les glaciers fondent, il faudrait que le monde entier se mette d'accord pour stopper le réchauffement climatique. Il faudrait changer notre manière de produire de l'électricité, acheter moins de choses, manger différemment, arrêter de couper des forêts, utiliser moins de pétrole…

Si l'humanité s'y met maintenant, on peut encore sauver une bonne partie de la glace présente sur Terre, mais il y a urgence ! »

Un peu sonnée, Zoé se perd dans ses pensées. Comment quelque chose d’aussi immense et d’aussi vieux qu’un glacier peut-il disparaître aussi vite ? Un frisson lui parcourt la nuque, le vent continue de forcir. Lorsqu’elle relève la tête, Zoé constate avec surprise que le vieil homme n’est plus qu’une silhouette brouillée par les cristaux de glace que le vent a soulevés du sol.

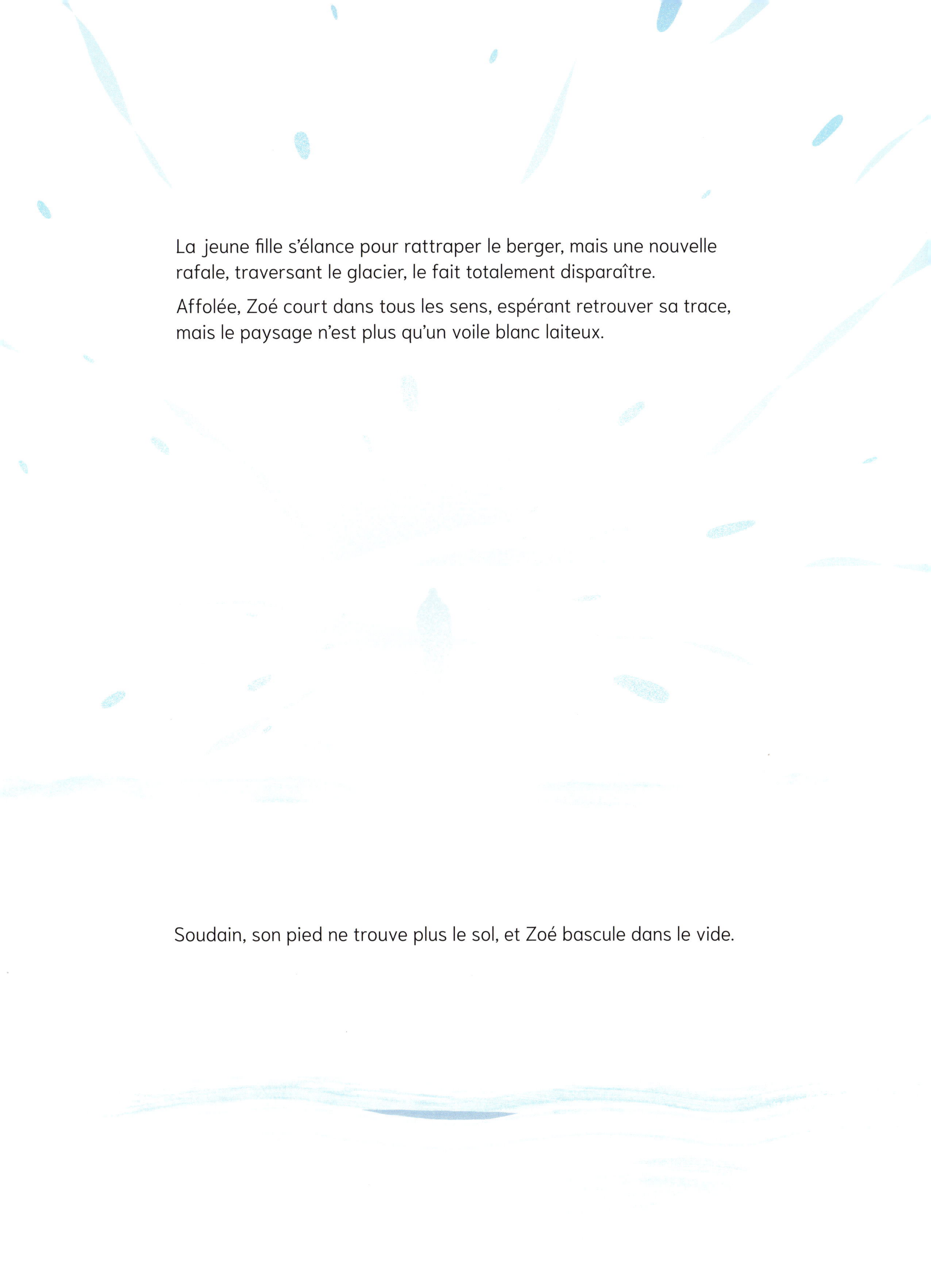

La jeune fille s'élance pour rattraper le berger, mais une nouvelle rafale, traversant le glacier, le fait totalement disparaître.

Affolée, Zoé court dans tous les sens, espérant retrouver sa trace, mais le paysage n'est plus qu'un voile blanc laiteux.

Soudain, son pied ne trouve plus le sol, et Zoé bascule dans le vide.

La voilà qui tombe,

ses fesses glissent sur le sol,

mais sa chute ne fait que commencer.

Comme sur un toboggan vertigineux,

elle dégringole dans la glace,

le haut devient le bas,

ou peut-être l'inverse.

Enfin, Zoé heurte un sol dur et gelé.

Zoé n'y voit rien. Elle allume la lampe de son téléphone, se relève
prudemment, choisit une direction au hasard et avance à tâtons.

Des ombres ondulent autour d'elle,
sur les parois de ce qui ressemble
à un vaste labyrinthe de glace.
Un courant d'air murmure un souffle
continu et fantomatique
dans les boyaux glacés.

Le sifflement s'intensifie, et bientôt un grondement étrange, déformé par l'écho, arrive aux oreilles de Zoé. On dirait le grognement d'une bête.

Un ours ? Impossible, Bjarne lui a assuré qu'il n'y en avait pas en Islande. Un renard arctique alors ?

Zoé s'immobilise. Une ombre passe derrière un mur de glace, imposante, difforme.

Zoé refuse d'avoir peur ! Elle serre le manche de son piolet, prête à en découdre avec la bête féroce.

« BIARK !

hurle-t-elle en découvrant le berger précédé de sa chienne.

– Pourquoi tu ne m'as pas suivi comme je te l'ai demandé ? gronde Bjarne, plus soulagé que fâché. Tu peux dire merci à Freyja, c'est elle qui t'a retrouvée dans ce dédale.

– Ça va, je n'ai rien, merci, juste un peu mal aux fesses, c'est gentil de vous inquiéter pour moi, ironise la jeune fille, le pantalon trempé.

– Tu peux baisser ce piolet maintenant, s'il te plaît, et me suivre ?

Tu es tombée dans ce qu'on appelle un *moulin*, un trou creusé par l'eau. Tu vois ce petit ruisseau qui coule à nos pieds ? C'est lui qui a creusé ce tunnel. Il doit forcément sortir quelque part.

Plus on s'enfonce dans les profondeurs d'un glacier, plus on remonte le temps. La glace que tu touches peut avoir été formée il y a plusieurs milliers d'années. »

Zoé caresse les parois de glace et y approche la lumière de son téléphone.

« Alors ces petites bulles, là… ? demande-t-elle.

– Oui, ces petites bulles, c'est de l'air qui date probablement de la préhistoire.

Je vois souvent des scientifiques sur le glacier faire des forages. Ils remontent de grandes carottes de glace. En analysant l'air contenu dans ces petites bulles et les poussières emprisonnées dans la glace, ils peuvent apprendre un tas de choses sur l'histoire de notre planète : les températures, les éruptions volcaniques, et même la pollution générée par les humains siècle après siècle. »

Bjarne, Zoé et Freyja explorent longuement le ventre du glacier lorsque, au détour d'un virage, la lumière s'éteint.

« Le froid a vidé la batterie de mon portable !
Ne bougez pas, je dois en avoir une de secours. »

Au moment où Zoé rallume son téléphone, leurs visages se figent...

Ils se trouvent face à un squelette d'animal
en parfait état, prisonnier de la glace.

« Un élan ? s'étrangle Bjarne.
Mais je croyais que...

– Pas un élan, un mégacéros ! Une sorte de cerf géant qui vivait en Europe à l'ère glaciaire ! Il y a un squelette complet au Muséum ! Mais comment est-il arrivé jusqu'ici ? »

Bjarne se gratte la tête :

« Je ne vois qu'une seule explication, mais elle ne colle pas bien avec ce que savent les scientifiques sur l'histoire de notre planète : lors du dernier âge de glace, tout le Nord de l'Europe était sous la glace. Avec un peu d'imagination, on peut supposer que la banquise était assez grande pour relier l'Islande au continent.

Notre mégacéros aurait profité de ce pont de glace pour rejoindre l'île. En traversant le glacier sur lequel on se trouve, il se serait blessé, coincé dans la glace, peut-être écrasé par un sérac !

Il se serait retrouvé petit à petit pris dans la glace et aurait avancé avec le glacier pendant des dizaines de milliers d'années. Mais c'est une théorie complètement folle !

– C'est un truc de malade ! Quand je vais raconter ça aux autres, ils vont pas en croire leurs oreilles ! Et la prof, oh la la, elle va devenir dingue !

– Tu sais, je préfèrerais qu'on laisse le glacier tranquille, répond calmement Bjarne. Un jour ou l'autre cette partie du glacier fondra, et ton mégaféroce…

– Céros !

– Ton mégacéros se retrouvera dans le lac de fonte, où il sera vite découvert.

– Je comprends… on garde ça entre nous trois.
Par contre, moi, je veux un souvenir ! »

Zoé brandit son téléphone et agrippe Bjarne, qui se débat.

« Ah non, pas question que je me laisse prendre en sel fin !

– Selfie, vieux grognon !
Allez, c'est rigolo ! »

Le soleil caresse déjà presque le sommet des montagnes, la journée se termine. Au pied du glacier, une crevasse laisse s'échapper de l'eau.

Une lumière apparaît au fond de cette faille, et un museau pointe le bout de son nez, suivi d'un bonnet orange et d'une tignasse argentée. Les pieds et les pattes au bord du précipice, Zoé, Bjarne et Freyja rejoignent tant bien que mal la terre ferme.

Alors qu'il allait prendre la parole, Bjarne est stoppé par un cri lointain : « Zoéééééé ! » hurle la voix.

« C'est Mina ! Il faut que je file ! »

Zoé court à toute allure rejoindre le reste de sa classe, près du bus.

Derrière elle, un bruit sourd se fait entendre puis un coup de tonnerre. Zoé se retourne juste à temps pour assister à la scène : un bloc de glace géant se détache du glacier et s'effondre bruyamment dans le lac.

Bjarne et sa chienne se tiennent à quelques dizaines de mètres de là. Zoé adresse un signe de la main à tout le monde, Bjarne, Freyja, mais aussi au glacier, le *jökull*.

Elle monte dans le bus et regarde Mina,
qui la fixe intensément depuis le fond du véhicule.
Elles se sourient.

« On a cru que tu t'étais perdue ! dit Mina.

– Je suis désolée, répond Zoé.

Tu as raison, il y a des secrets
qui valent la peine d'être gardés. »